잃어버린 지상을 찾아서

지성·감성의 메타언어
조선문학시인선·255

잃어버린 지상을 찾아서

황 문 숙 시집

조선문학사

■ 시인의 말

가만히 가슴 두드린 문을 열면
허무의 꽃을 탄생시킨 소멸의 힘은
우리 내면의 세계인가
푸른 날개 풀어놓은 잡히지 않은 꿈들
뒤돌아보면 먼 길 아득히 걸어온 흔적이
엉켜 웃고 있다
삶이란 자연의 이치를 하나씩 터득해
나가는 과정일까
세상의 한모서리에 고여가는 시간들
머리에는 어느덧 은결의 서리가 깔린 세월의 흔적들이 보이고
목이 긴 사슴의 방황처럼
길 잃은 영혼의 목마름으로
무상하고 덧없는 삶의 허망을 본다
명상처럼 번지는 채워지지않은 빈자리
마른잎 바스라지는 소리가 허탈해 오고
털어야 할 잎밖에 남아있지 않은 시간들
저민 가슴에 아슴한 세월들 무심히 뒤돌아 본다
내안에서 떨어진 꽃잎같은 이름으로
가슴에 뜨거운 언어를 품어
저마다 꿈의 백지에 그림을 채우며 사는 삶
아침을 기다리는 어둠속
안식처를 찾지 못하는 고달픈 영혼들

세상의 첫날처럼 밝아오는 욕심도 근심도
없는 평화로운 마음으로 가슴속 언제나
푸른산 품고 살았으면 좋겠다
나의 미흡함으로 토해낸 울림이
한낱 메아리에 지나지 않아도
스친 마음의 넋두리로 감히 조심스럽게 모았습니다
질감 고은 햇살이라기보다는 오랜 세월 고여 있던
심연의 끝을 그래도 토하고 싶은 망설임으로
한잎 한잎 감히 엮었습니다
외로움에 상처받은 영혼에게 손을 건네어
묵언의 눈길로 토닥이는 사랑으로 보듬어
가슴에 한가닥 위안이 되었으면 하는 부끄러운 바램입니다

부족한 글 귀한 평설해 주신 강우식교수님
시인의 길을 늘 독려해 주시는 박진환교수님께
깊은 감사 올립니다

2009년 새해 벽두에
지은이 황문숙 삼가

황문숙 시집 **잃어버린 지상을 찾아서**

제2부 그리움 너머로

제3부 꽃길 걸어오는 날

제4부 시집평설

제1부

오래된 침묵

마음의 달

가시나무 가지 끝에 달빛 한 채 걸려 있습니다
햇살은 높아서 마음을 비추지 못하고
바람소리는 깊어서 한숨만 같습니다

마음이 또 생각 끝에 저뭅니다
망각속의 어슴푸레한 기억을 끄집어내
소리 없는 물너울처럼 무거운 상처는
뿌연 노을빛 흐릿한 그림자였습니다

내 그림자 낯선 어느 날
마음을 비워서 넉넉한 기억조차
어떤 흔적 없이도 돌아가는 바람개비

짙은 멍에도 자책으로 망연해 지친 하루
깊은 벼랑에서 나직이 엎드린 내 보랏빛 지친 꿈

지난날의 허망을 보듯 두리번거리다가
서둘러 가슴앓이 추스르지 못해
맨가슴 뿌리깊은 긴 한숨으로
스스로 깊이 헤아리지 못했습니다

일기장

삼십년도 더 묵은 일기장을 들치고
묵은 햇수만큼의 체온으로 덮고 있는
지나온 발자국이 얼룩으로 덮고있다

하얗게 잊혀져 버린 조각
잊고 시들어간 지난 시절
그리움도 잊고 있다가 웃고 있다
조금은 얼룩져 서로를 적셔야하는 고통도
온도와 습도를 다독이며
오랜 기억 속에 빛바랜 지난 시간들
오늘로 버리지 못한
걸어온 흔적으로 제 것 인양 다독이며
버린 듯 살아온 때문은 시간을 벗기며 빗질한다

보듬어 내안에 품어온
지난날 담고 있는 흔적들
밀어낼 줄 모르는 거북등속에 감춰진 기억을 꿰맨다

세월이 묻어나는 지난 시간의 그림자
가슴 맞대고 살아온 마른 세월의 자취
그래도 때때로 사탕처럼 달기만 했던가
연가슴 저무는 마음처럼
그렇게 흘러내린다

허망 같아서

공간과
공간 사이 건너는
이름도 없는
바람 같아서

시간과
시간 사이 건너는
잡히지 않는
허망 같아서

달그늘 뒤에 하늘 감은 흰 초승달은
새벽빛보다 차고 고은
흑진주 같아서

가슴속 붉게 번지고 스며
이제는 끄집어 낼 수 없는
나는 당신 앞에
마음을 들고 달빛 아래 섰습니다

지긋한 세상살이 서러운 그림자들
마음속에 묻어둔 수많은 생각의 실타래
침묵도 기도가 되는
내 가슴 속 깊은 수심으로 내려
맨가슴 뿌리내린 긴 한숨뿐

손잡이 없는 허공을 잡으려다
허탈을 본 슬픔 너머 저편
그림자
내 그림자

넋두리

투명한 햇살이 뚝뚝 떨어지는 이름 없는 날
깊은 멍에로 망연해 지친 낯선 하루
세상의 슬픔과 어리석음을 소처럼 되새김질한다

허공에 토해버린 가늘고 긴 한숨
적막을 맨발로 걷는 이유 없는 허무
가시로 삼켜버린 세월의 끝자락
가슴 터진 상처는 세상을 향한 넋두리로
그늘 같은 짙은 어둠이 막막하다

절망의 줄을 당겨 저 멀리 있는 희망을 건널 수 있을까
허공의 소실점으로 허허로움 삼킬수록
새벽의 끝으로 온 밤을 공허로 사선을 긋는다

무상의 시간의 흐름
쫓기듯 내리는 빈 마음
나의 흐리고 오래된 기억은
상실로 쉼 없이 낡아서

오늘로 생긴 또 하루의 두께만큼 살았더라
무심한 이 세월은 아무것에도 쓸 수가 없구나

돌아앉은 돌부처

푸른 안개 덮인 깊은 산
뭇새들이 날아드는 산속
먹바위 가파른 산줄기를 문득 밀어버린다

산이 꺾인 바람에 불려가는 안개
세상 버거운 짐 돌탑 아래 내려놓고
저 혼자 풍경 이우는 날
한숨으로 채인 가슴
하늬바람 시나브로 길 내주고
아득한 백팔계단 힘없이 오르다
그냥 묵묵한 맨 얼굴로
오래 허공 떠돌다가

외롭게 깊어지는 시린 눈물로
인연이 닿았던 이승의 바람소리 물소리 덧없다시며
돌아앉아 세상일 다 보시는
가는 눈 곱게 감으시고
침묵으로 열반한 꽃 마음으로 보셨을까

돌아앉은 돌부처
고은 옷 다 어디다 버리셨는지
부질없는 생각으로
떨어진 꽃잎 주워
추운 날 입으시게
옷 한 벌 지어 드리고 싶다

오래된 침묵

묻어난 세월 오래 묵은 얼룩
고요한 자락이 등에 업혀 간 날
마음 가는 곳 떠나 낯선 곳을 향하고
알 수 없는 곳을 에이는 안개자락에 묶어
산모롱이 돌아돌아 끝 간 데 없이
내 안에 집이 있었다

누렇게 헤진 오래된 상처
슬픔이 벼랑마다 누워있다
마른 기억으로도 지워지지 않는 날들
단단한 마음을 헐어버린 방황
흐린 못물 같은 자국의 눈물이 간간하다

지난 날 눈 끝은 자꾸 흐려지고
굳어버린 허망이 제 몸을 부빈다
긴 세월을 고스란히 곱씹어 차곡히 쌓아
속 깊은 빈 잔에 담아들고
잿빛 하늘을 향해 늘인 나의 염원으로

작은 깨달음 하나 챙겨 지운다
운명처럼 마주 서 있는 그런 날에
기별처럼 내려앉은 망각을 본다

시린 말로 울던 하루

그늘진 가슴 한켠 붉은 울음 쏟던 날
오래 품어 털지 못한 묵은 회한
말라붙은 내 한숨 하나로 음표하나 찍어놓고
나를 옭아맨 쓸쓸함

한 다발로 묶어지는 서러운 달빛
덫에 갇힌 지난 내 꿈의 세월 주저앉혀 물어본다

휘어진 세월은 빈 가슴이나 주고 가면서
그리움은 왜 먼 길 갔다 돌아오느냐고?

까맣게 칠한 망각을 주워
하얗게 쉰 기다림도 접어야 한다고
저 멀리 있어 더욱 그리운 것은
나 아직 여기 있음일 거라고

까맣게 잊었던 기억을
오래 품어 털지 못한 슬픔으로 울 뿐

목마른 그리움 옷자락에 펄럭이며 걷고 있다
오랜 침묵일수록 단단한 속내
온통 실금간 서러움도 아픔인 줄 모르고 살았지

움푹 패인 서러움 비워진 마음 덮고 있어도
응달쪽 그늘은 늦도록 시려웠다

가슴에 고인 시린 그리움
이제 묻어야 한다고
어둡고 슬픔 스민 말로
너를 봉해 건너띄우고 싶다
오래도록 내 가슴에
있는 사람아

빈 둥지

바람도 불러 담고 햇빛도 모아 담은 산그늘
잦은 바람 다독이며 푸른 숨결 품어내는
등 돌린 해의 성근 구름 뒤에서
볼 붉은 햇둥지바람
마른가지 빈 하늘 받치고
고요가 손님처럼 와 앉아서
하늘 구름집 하나 머리에 이고 서 있다

우뚝 선 하늘 그늘 밑
헛발 디딘 햇빛 사이로
나뭇잎에 허공 길 하나 뚫어
마른 하늘에 머리 돌려
제 숨결 닿은 만큼 창랑한 허공을 끌어안고

한뎃잠 자는 속쓰린 허기진 새들
눈감고 더듬는 지난 흔적에 젖은 속울음 털어내다
외롭게 떠있는 둥지 속으로
하루해가 재빨리 숨는다

가지 끝 야윈 햇살이 넘치듯 눌러 쌓인다

잦은 바람 겨울나무 위
빠알간
늦가을이
하늘가지 꼬옥 잡고 허울 좇듯 서있다

인연

채워도 허기진 마음
허울 쫓는 나를 보며
속절없는 시간의 흐름도 기다림 없이
아주 잊혀질 듯 떠나면서도 아니 떠나고
이 세상 어느 인연 있어 젖은 인연 털어줄까

무언의 편지 같은 꽃잎 띄워
가벼운 미소가 무거운 고뇌 속으로
물처럼 사는 법을 배우고 싶다
붉게 맺힌 인연의 시린 열매들
영혼의 뿌리까지 다 내주어야

다시 핀 그 꽃
이 세상 어디에도 없다던 영원함은
옷자락 스치며 지나온 인연의 시간이었나

생의 한 자락으로 묶어진 끈
긴 세월로 사라지는 우리 삶의 연기로

자욱이 피어올라
한 점 미련 없이
사라지는 물안개처럼
아무 흔적 없이
너를 보낼 수 있을까

푸른 날을 향하여

상흔 짙은 풀언덕에
푸른빛에 여윈 알몸 가린 듯
갈증 난 그리움에 목이 길어진
깃 세운 무명 새 하나

알곡 한 톨 없는 빈 잡초만 무성한 들판을 서성인다
감꽃 줍던 아이의 기억 속에
깨끔발 딛고선 푸른 날의 지난 시간들
스친 기억 속에 널브러져 있는 상념
그 조차 번져서 따스히 적셔진다

가슴깊이 묻혀둔 마음밭에
깨알처럼 박혀있는
애써 고개 숙인 슬픔 더듬어

그래도 더운 가슴으로 살아남아
아등바등 뒤척여온
눈 못 뜨고 엎딘 사연 묻어

내리 주는 것이 사랑이기에

제 몸으로 녹이는 맑은 영혼으로
고요한 순간으로 샘이 되는
아직도 타는 갈증으로
푸른 날을 열어보자

길 떠난 시간으로

갈증 난 그리움에 목이 길어진 날
머언 길 떠난 사람의 소식이 아득하다
저 혼자 흔들리는 풍경 소리 이우는 날
마음 가는 곳을 떠나 낯선 곳으로 향하고 있다

비발디 사계를 담아 아침햇살에 벅찬 가슴
오늘도 맑은 하늘 선뜻 열어보지 못한 채
하나의 바람마저 욕심의 이름으로 새겨진다
머무는 눈길에 세상 짐 내려놓고
또 한 겹 허물 벗는 새아침이 열리는가

먼 발치 하늘바라기 시나브로 멀어지는데
고요로 여린 눈썹이 풋색으로 약이 바짝 올라
그늘은 얼크러져 속살로 더 깊더니만
한 가닥 바람에도 온몸으로 흐느끼며
허공 위에 먼 하늘로 푸른 꿈이 산란하다

새 상념의 볏을 펼쳐 채색으로 맞물며

지난날 갈피마다 새겨 깨알처럼 막혀있다

묵혀둔 마음밭에 눈 못 뜨고 엎딘 사연들
가슴에 뿌리로 남아 제자리에 맴돌뿐
길 떠난 세월이라도 한 번쯤 되돌아왔으면

머문 자리로

아득한 지난 세월 뒤를 쉬엄쉬엄 가다가
안개꽃다발 목에 걸어 올린 흰 구름
마주보고 웃는 나직한 옷고름 섶에

꿈길 열린 낯선 고운 빛이
맺힌 가슴 털어내다
그물망에 걸려 운다
기어이 감추고 싶은 부질없는 세월 속으로
어제의 생각을 눕히고 오늘로 서 있다

무심한 바람처럼 한 세상 흩날리고 밟히다가
차갑고 딱딱한 세상의 중심이
나를 지축으로 돌아가는 세상이 어디 있던가

머뭇거리는 철 지난 시간이 선뜻 손을 내민다
갈피마다 깨알처럼 숨겨진 오색무늬 사연들
슬픔으로 허물어진 상처들이 부서지는 소리
통지 없는 부름에 획 없는 흔적들

길 떠난 세월은 다시 돌아오지 않는다

그리움 콧등 찡한 그 곳 내가 남아 머문 자리로
걸어온 세월만큼 채워지지 않는 후회만 가득하다

묵은 회한으로

누가 너를 기다리다
너는 오지 않고
모래시계를 뒤집어 놓고 기다리다 지친다

시간을 거꾸로 돌리는 물레질로
오늘도 또 다른 색깔의 아픔이 번지고
손가락 사이로 스치고 마는 세월에
내 안에 품은 실타래의 지난 시간들
오래 묵힌 회한을 제 몫의 침묵을 안고 들어간다

가슴으로 앓았던 빛바랜 기억들이
눈물 감추듯 속쓰린 지난 날 보듬어 내려놓고
가만히 우려낸 글썽한 흔적들
머물렀다 떠난 자리에 멀어지는 것을 바라다본다

그리운 기억을 꽃무늬로 한 가닥씩 풀어내고
가슴에 묻은 속내 감춘 허무가 번지며 내려앉는다
다시 되돌아가기엔 너무 멀리 온 것 같아

결삭은 회한으로 또 저문 하루해가 지고
제 살 저며 묵힌 어둠을 등에 지고
남루한 처진 어깨가 무겁다

외로움을 외롭다고 뱉으면 넋두리가 되는지
살아온 세월을 그리며 애처롭게 사라지는 것들
걸어온 시간은 늘 가슴에 깊이 움박질 하고 있다

어둠

날 저문 만상이 자기 색을 지우고
억새풀 우거진 어두운 길을 걷는다
숯처럼 까맣게 타는 속을 어둠으로 삼키고
찬찬히 우려낸 글썽한 먹빛을
진회색 그림자로 색칠하고 있다

그대를 맞은 알 수 없는 날에
수태한 그믐달이 하얗게 웃고 있다
어둠은 제몫을 족쇄처럼 가라앉히고
누구도 이 순간을 탄식으로 한 발짝도 내딛지 못했다
덧칠한 먹빛 어둠은
깊은 잠속을 헤집으면서 다 낡은 죽정이로 남겨졌다

칠흑 같은 어둠의 냉기가 식어가는 밤에
아무도 알 수 없는 마지막 입김을 하늘로 토하던 날
눈부신 어둠은 날개 죽지를 펴고,
빈객을 기다리다 지친 산처럼 무거운 뒷모습에

아득히 휘어진 길의 끝으로
한 줌 허무를 싣고 먼 어둠을 떠난 뒤
그림자 찾아 헤매고 있다

잃어버린 지상을 찾아서

마지막 별의 입김으로 하늘을 토하던 날
이제는 불타 사라진 얼크러진 시간 속으로
칠흑 같은 어둠의 냉기로 식어가는 날이 있었다

낡은 허물 벗어들고 오늘로 부르지 못한 노래
슬픈 세상 더운 빛 길 열어 걸어온 발자취
저마다 제몫의 고통을 훑으며
고독을 이기지 못해 비명으로 끈적인다

생의 고달픈 고갯길 잠시 쉬어
눈먼 욕망은 발에 채어 밀어내고
내 생각의 이음새를 푸른 망치로
오래 품은 비수처럼 빛을 발하는
붉은 태양은 제 살 떼어 먼 곳으로 보낸다

어둠을 빗질하는 들꽃의 함성이
등 키지 못한 멍울 저쪽에 지쳐 누워
군청색 삶을 녹이는

푸른 냉소만이 찰랑대는
잊혀진 기억 끝에 녹슨 사랑의 흔적으로
고달픈 영혼의 안식처를 찾지 못하고
더러는 보석처럼 빨갛게 묻어둔 말도 있으련만

상실 그 이후

기억 없는 이른 아침에 희부연 빛 속으로
보이지 않은 상실이 어지럽게 빛날지라도
호롱을 떠난 불빛을 따라서
더욱 깊숙한 어둠의 밑 둥지를 밀어내고
흐린 빛으로 다 쓸어내지 못한 어둠의 속내로 더듬는다

구릿빛 저녁 강변을 서걱이는 갈대로 키워
몇 개의 더듬이로 후회가 진한 멍에로 만져지는가?
억겁을 지난 짓무른 환부를 터뜨려
지난날의 회한을 다독이듯 내려놓는다

겨우내 침묵으로 묻힌 얼룩은 얼마나 열기에 가득한지
내 삶의 묵은 허망을 맑은 물에 헹구어
저 높은 하늘 채에 펄럭이게 걸어놓고
하얗게 바랜 속살로 빈 마음을 열어
의심치 못한 오랜 후의 상실이
더 오랜 후에 소멸인 것인가?

행진

잿빛 구름들이 창밖으로 난데없이 흩어지고
어느 한 날 타는 노을에 취해 차라리 찬란했던
아직도 지켜야할 가슴이 남았다면

숨겨진 발광체에 시간을 달아서
지난 상처의 깨진 기억을 담은
빛바랜 항아리 속내가 훤히 비친다

관음죽 댓잎들이 자지러지게 솟는 빛들 속으로
창틀 비집고 들어오는 바람이 쇳소리처럼 들린다
살아있는 부동의 시간 속을 숨 가쁘게 헤치고
세상소리 들리지 않는 절대 시간으로 가자

때 묻지 않는 것들이 어김없이 제 이름을 가진 기억들
버림으로써 자유로움을 숨죽여 받아들이자
무진장의 시간이 하늘 쪽으로 향한 또 하루를 태연히 살아낸다
그저 묵묵히 살아가는 사람들의 세상을 향한 무심으로
시대처럼 열리는 여명을 기다려 보자

환희의 순간

작은 물방울이 햇살에 빛나고
무지개로 뜬 높이 솟은 돛대 하나
굵은 빗줄기는 어느새 걷히고
이슬비로 바뀌어 아른거린다

차분히 내려앉은 연못의 물 거죽은
세상을 밝히는 밤하늘의 폭죽처럼 불을 밝히고
아무도 몰랐던 새로운 환희의 숨결이었나?

긴 세월 묻혀 있던 햇살 닮은 광채는
기다림 없이 황홀해서 태연한 척
불면 덧없이 사라진 광휘인가?

순간의 찬란함은
운명의 또 다른 손이었을까?

태양의 용접으로 튀는 불똥마저도
가슴 벅찬 환희에 여명의 햇살이 퍼져

새로운 거룩한 시간으로
유난히 애절할 것도 없이
돌아서면 잊어버리는 망각의 유희일 뿐

흐린 하루를 지내며

흐린 하루에 이마를 부비며
오늘도 긴 하루가 낯설어 헤맨다
내 삶의 무게를 이기지 못해 길어지는 그림자

가슴으로 앓았던 빛바랜 기억으로
목청껏 울고 싶은 회한이 있어
눈먼 욕망이 발에 채여 떨어뜨리고
저마다 비바람 긴 목마름에 부대끼어
저 널린 허무를 가꾸며
온몸 가시 찔린 채 살아내고 있다

세상 소리에 다친 영혼들
풀지 못한 슬픔을 말 못할 옹이로 남기고
회한 속에 깃든 세월 더듬거린다

내 가슴에 묻은 상처는
세상을 향한 넋두리로
시린 것이 가슴 뿐인줄 알았지

처진 어깨 위로 억새꽃이 흩날리고 있다
허공 한 채 등에 업고
느릿느릿 뒷등 보이며 걸어가는 사람아

희망의 아침으로

아름다운 기다림은 고목이 되고
제국처럼 우뚝 서 있는 무거운 그림자에 밟혀
무거운 군청색 삶을 녹이며
다시 되돌릴 수 없는 역사의 획을 긋는다

빗살무늬로 쌓인 조개무지의 마음밭에
고통과 슬픔을 보듬는 맑게 고인 사랑의 샘 하나
시린 눈시울 달래줄 사랑의 정령들이 잠들고 있다

이제 밝아올 희망의 아침으로
우리의 가슴 깊숙한 뜨거움과 만난다
잠시 머물렀다 가는 이 세상 사람아

쌓아온 세월과 가꿔온 우리 삶 다 모아
우리 영혼에 젖어있는 힘든 삶의 굴레 있거든
햇빛에 꺼내 말리며 웃어보자

세상의 첫날처럼 밝아오는 아침을

밝은 등불 찾는 마음으로
달려가 닫힌 우리의 가슴을 두드려보자

제2부

그리움 너머로

달밤

천수답에서 건져 올린 달
저문 들녘 쫓기듯 가로질러서
민둥산 굽이돌아 어스름 달그림자로
조각달 몰래와서 통지없이 사라지고
언 발 절며 아무도 몰래 왔었네

달구름은 어둠속으로 온몸을 풀고
갈증 난 바람은 달빛 쌓이는 소리에 지쳐
한무더기 달빛은 기다리지 않고
이름 없는 산울림은 누가 불렀을까

숲으로 싸인 깊은 밤 하늘 속
어둠 묻힌 달빛에 기대어
한점 노을 없이도 석양에 밟혀 넘어진 달밤
달 구름만 하늘을 막고 오락가락 헛손질인가

달 그늘에 숨은 차돌같이 찬달
새하얀 달빛에 귀밑머리만 무심히 밝아
달빛 부스러기 풀잎으로 모아
어둔 창가 허문 꿈처럼 창백하게 비추고 있다

밤 기차

칠흑 같은 밤에 뿌려진 꽃잎 속울음 털며
그대를 향한 빛으로 달린다
내 작은 이마에 불 밝히고
성급한 마음이 먼저 별빛으로 보낸다

어둠을 뚫고 혼신의 불빛으로 혼만 남기고 아득해진
세상의 소음에 다친 영혼들
생의 벌판을 거침없이 내달린다

얇게 묻은 권태와 고통을 문지르면서
어제를 동여 맨 오늘로
어둠이 수척한 불빛에 창백해져
철길 위에 팔 벌려 수평을 이룬다

시간의 간극을 잰 듯 별빛으로 누워
기별 없이 내려앉은
축적의 깊은 밤
어둠을 빛으로 가르며

발끝까지 저린 황홀한 불빛은
어둠을 토해낸 지친 하루의 몸부림인가
무거운 밤이 지나간 뒷자리
별빛에 몸을 풀며 굽은 어깨를 뒤돌아본다

물새

해도 달도 숨어 흐린 날
수척한 햇빛에 퇴색된 서녘하늘
어두운 해질녘 더 길어지는 그림자

이름 없는 새의 쪽빛 날개짓
잘게 부서지는 은빛물결
외로움 태우는 풀무질이 슬퍼보인다

구름은 빈 하늘에 온몸을 풀어헤치고
깊고 푸른 멍 같은 강물을 깔고 앉아
가파른 물살을 잠재우고
알 수 없는 슬픔에 목이 메인다

시린 가슴 풀어헤친
산그늘 잠긴 물만 손에 잡힐 듯 흐르고
흰 수국 하얗게 쓸리는 저녁 무렵

산허리 돌아 도무지 알 수 없는

그리움 주워 모아 빈 가슴에 달고
끝모를 고요와 무게 없는 기다림으로
먼 길 돌아와 쉴 수 있는 강 언저리

빈 가슴 와 채우는 새파란 달빛으로
물거울에 지친 제 얼굴 비출때
무릎 찬 강물 언뜻 건너
달무리 길목에 서리는
빙하 같은 흰 고독으로
혼자 서있다

성난 파도

명경 속처럼 환한 어지러운 햇살
가파른 물살을 밀어올리고
파도는 은빛 머리칼을 바람에 세차게 날린다

제 몸 안고 뒤척이는 지친 물살
이제 곧 장엄한 적막을 지나
갈채를 기다리는 의연한 빛살 품어
게우고 싶은 바다는 하늘을 불러 제 고통으로 털어
낮과 밤을 검푸른 가슴으로 쓸어낸다

제 몸 녹여 섬광의 빛질로 참아낸 분노
먼 바다 잠긴 전설은 바위섬되고
허공 밀치며 천리를 달린다

오래 품은 비수처럼 빛을 발하는
끝내 지상에 내려놓을 수 없는
즈믄 하늘의 박애가 싫어서
온몸 부딪쳐 치솟는 성난 넋을

하늘이 다스릴 수 있을까

거슬러 오는 광란으로 출렁이면서
밀물로 억년을 달려와 썰물로 억년을 헤집는다

칠보사

향불 희끗한 향내로 멈춘
목탁소리 끊긴 인기척 없는 법당
목 메인 달빛이 등꽃 지고 용맹정진중
사립에 걸린 노을도 무념 무상

열반 위 섬돌 위로
묵언으로 다스린 무거운 고뇌
떨어져 누운 한 잎 이파리에도 절하고 싶다

소나무 한 그루 미륵불로 서서
연한 미소 보이시더니
멀리 퍼지는 풍경소리
연등보다 먼저 극락전에 엎드린 침묵
속 깊은 목탁 소리로 영혼을 흔들어 깨운다

조용히 퍼지는 범종소리 두껍게 그늘을 깔고
발아래 움켜진 고독의 무게
흰 구름만 허공 속을 떠돌다

고달픈 시린 가슴 허물 안은 빛바랜 섬돌 위
달그림자 슬프게 이울 때
구만장천 높은 곳
비워서 얻어낸 득음하나
내 거칠고 마른 영혼은 어디에 쟁여야 하나
먼저와 엎드린 고요가 온 누리에 가득하다

부추밭에서

아리도록 푸른 그늘 응달진 뒤란에
더운 햇살로 낮은 하늘 열어놓고
젖은 적삼 속쓰린 바람
한숨 섞어 가셔가고

밭이랑 채색하는
햇빛 설익은 몸짓으로
한적한 날 어느 꽃진자리
초록빛 그늘 밑에서 눈물 닦은 뒤로 섰다

오래전 바람소리 새소리로 듣는다
낡은 햇빛 쉰 하늘 한쪽
까실한 깃털 날리는 바람 끌어내려 흩어진다

다 부서진 담장 안 가시 울타리
여린 햇살 풀어 논 빛 타고 내려온 날
가는 잎 번진 만큼 속으로 풀어 안긴다

새순 내음 나는 푸른 이파리
젖은 올곧게 걷고 섰다

누군가를 부르다 가슴에 묻은
시린 서러움 등에 꽂고
손 내밀어 서로를 일으켜 세울 때
응어리진 가슴에 그리움 하나 풀어놓고
무거운 마음의 짐
가슴으로 털고 서있다

나이테

솔깃한 더딘 해는 뉘엿뉘엿 저쪽으로 기울고
깊은 옹이 속에 박힌 고단한 세월속
상실의 아픔 괴어 눈물 지나간 자리
세상에서 밀려난 목마른 작은 소리
서러운 가슴 농 녹은 시간의 무늬
눈시울 붉어졌다 식은 흔적들
못 버린 제 안의 멍울에 머리 묻고
먼저 제 몸 받아 기우는 햇살에도
영원을 넘보는가

못 버린 제 안의 상처에 머리 묻고
몸속 탯줄감은 침묵으로 누워있다
둥근 가슴에 박혀있는 한 점의 순수

세월로 꿰맨 뜨거운 메아리
산속 홀로된 산울림도
덧없어 운적 있었지
시간의 곡선만큼

허망 등 뒤에서 휘어져 긋고 있다

버틴 세월만큼의 훈장은
천년 푸르름의 혼 받치고 있는 침묵으로
제 몸 불살라 안으로 흔적 결다진 상처
무슨 말로 그 깊이 헤아려 섬길까?

달팽이집

성가신 햇살에 눈살 찌푸린 날
돌아갈 길이 멀수록
제 몸 깊이 바람 굴리면서
작은 기도소리 들어와 묵는 작지만 큰 세상이 있었다

속마음 비울수록 쓰린 내 안의 상처
깊은 살 속 어둠이 꽉 찬 아픔을 덮는다

오랜 슬픔으로 보듬어 딱딱한 옹이
둥글게 말아 긴 세월 등에 지고 지은 작은 섬
한세상 밝게 비출 집 한 채로
어둡고 지친 얼굴
젖은 땅에 무릎 꿇고 두 손으로

진득한 세상 들어 올리는 헤진 무릎
누추하고 오래된 상처
온몸으로 밀어내며
물빛에 적셔 헹군 적도 있었지

밤마다 서로의 허물을
해진 사랑으로 꿰매 주는
어둡고 찬 바닥에 몸을 누이는 슬픈 골목

꺾어진 목 고개로 주저앉고 싶을 때
가끔 따뜻한 기도가 들어와
묵기도 하는
작은 깨달음을 챙긴다

죽은 집에 귀뚜라미

어둠속 창가에 이마를 기대어
묵묵히 꿰매온 무명 같은 시간들
묵언저리 두드리자 한꺼번에 터진 눈물

체념에 더 익숙해진 서러움으로
내 눈은 늘 슬펐다
허공에 몸을 띄우고 허망으로 뱉어낸 울음
보이지 않은 거울 속 같은 깊은 침묵

부질없는 긴 세월에는 체념으로 어리더라
내 절망으로 건너는 외로움의 늪
어깨 위로 쏟아지는 잊고 싶은 긴 세월
캄캄한 저 별빛 타버린 서러움 품어 살았지

외로움 주저앉힌 비명소리
잿빛 삶의 흔적만큼 두터워진 묵은 상처

기진한 세월에 끈적이는 고독이 스친다

시린 슬픔을 한숨으로 쥐고
제 몸보다 더 큰 눈물방울이 먼저 따라 나선다
고통으로 짓눌린 힘겨운 신음소리
이기지 못해 숯처럼 까맣게 타버린 가슴

칠흑 같은 어둠은 무섭지 않다
외로움의 몸서리에 지쳐 울 뿐
한세상 건너는 허탈한 마음에 지쳐 닳도록
상처 위에서 찍혀오는 아픔마저도

내 마음 밑바닥에 건져 올린 슬픔으로
캄캄한 실타래로 한 올 한 올 뜨다 오열했었지
소리 없는 울음으로 절규한 날
아무도 모르는 회한의 눈물은 통곡 그것이었구나

촛불

차가운 촛농으로 담근
오래된 열망
내 안에 촛불은 타고 있다
햇살 구워낸 등불인 양
누군가를 위해 꼭 한번 제 몸 사르고
핀 붉은꽃 가슴꽃

지극한 마음으로 제 등에 인장(印章)지고
몸 맑게 가라앉힐 뿐
곧 적(寂)으로 번지고 피어난다

피멍든 자국 흔적으로 가라앉혀
두 손 모아 보낸 빛바랜 염원
어둠에서 태어나
어둠을 밝히는
한줄기 불꽃이 되어

그 빛 쓸어 침묵으로 내린 흔적

길 비추어줄 뿐
거울 속 같은 고요가 묻어난다
촛불 심지로 태우는 골 깊은 시름
삶의 무게가 무겁다

새벽길

갓 태어난 애기먼동 기우는 날
발끝에 깔리는 한기를 달래며
목 메인 달빛이 서둘러 문 앞에 서성이다
찬비에 씻긴 눈에 새벽별로 떠있다

찬바람 눌러 머문 시린 마음
어둠이 흔들리는 댓잎 뒤꿈치
눈보라 넋 놓고 울고 간 새벽길로
길 위에 떨어진 침묵을 내려다본다

무거운 기억을 손에 쥐고
아직도 알 수 없는 오래된 그리움 한 가닥
시들어 잊어질 줄 알고 간 그길에
샛노란 그리움 하나가
소롯히 되살아나 가물거린다

풀 먹인 서릿발로
시린 발 묻고 있는 서러움에

채워도 허기진 마음
수척한 달빛으로 접은 한숨

신 새벽 희끗희끗 지나간 시간들
낡은 깃발처럼 펄럭이고
새벽을 부르는 북소리같이
여명의 어깨를 툭치는 소리
언제고 바람처럼 다시 올 것 같은 기다림으로
어제의 이 길이 왠지 낯설지 않다

돌탑

하늘 물에 눈 닦은 은박이 별마당
묵은 돌 깎아 끌어당긴 돌마당
빛보다 그림자로 살아온 세상살이
무거운 기억을 맑은 물에 씻는다

바람의 나이로 보살이 된 조약돌
날세운 별마저 기승을 부리는 한 낮
휘우듬히 서있는 이끼낀 돌탑

어제는 잊혀진 바람만 횡하고
낡고 퇴색된 풍경의 시간으로
제 몸 깊이 바람을 굴리면서
가슴으로 지난 날을 삭힌다

깊은 저 밑에서 건져 올린 가슴의 돌이
속 깊은 심지 세워 탑이 되었을까
마음빛 구워 달군
잔 비늘 같은 우울을 털어본다

여몄던 가슴 풀어헤치고
까맣게 멍든 가슴 불꽃으로
환생한 자리 지킨 돌탑

사라진 가슴 끝에서 살아있는 눈부심이
속마음 비울수록 무너지는 시린 마음
무거운 가슴 섬돌 위에 아픔으로 남겨두고
머무는 자취 물과 구름 같아
숨겨온 마음 한 자락
옷깃 속에 감추고 서있다

그루터기

떨어져 내린 침묵이 우수처럼
우듬지에 망설이다
초목을 베어내고 밑 둥지에 처량한 슬픔으로
제 몸 찾아 기우는 햇살에도
저물기 전에 지쳐 누워
어느 봄날 여린 눈썹도 하마 몇 번 젖었을까
철없는 삭정이도 제 탓하며 탄식한다

고목 속 나이테처럼 번지는 내속으로 삭힌 소리
해지고 나면 땅거미가 산과 들을 덮고
곁가지 여린 그림자 가슴에 품어
작은 몸에 깊이 새겨진 아픈 흔적

저 해 이글거릴수록 풋색이 바싹 약이 올라
그늘은 일그러져 속살로 깊더니만

제몫으로 남는 상실이 번져
내 몸 떠나지 않은 하루치의 쓰라림

따스히 적시는 하늘일 수 있다면
무거운 그림자에 밟혀
생을 색칠하는 꿈 바깥으로
울컥 무너지는 햇살로 비추는
무취한 마음 묻어놓고 천천히 발길 돌린다

열린 하늘 속으로

하늘의 빗장을 열고 그 푸름 속으로 들어간다
비를 구름으로 묻어두고 꽃씨로 구름 덮고
지상의 염원을 맨발로 차올리고
그 발길질에 놀란 푸른 하늘색이 무색하다

강물을 거스르며 거센 물살로 튀어 오르다
지상의 마지막 숨을 돌린다
그물에 걸린 하늘이 펄럭인다
밀려난 소리의 물결 하나가 바람을 밀고 남아서
하늘이 새들의 대지인 듯 와락 펼쳐진다

고적한 녹원의 푸른 이끼 냄새
하늘과 땅이 뒤바뀌는 바람의 돌기
날개도 없이 공중으로 날아가면
빗장열린 하늘에 닿을 수 있을까?

햇살이 눈을 굴리고 옥빛을 빗는 염원으로
동공 열린 거울은 쓸데없이 열린 하늘을 담고 있다

고운 눈시울을 들여다본다
마음 맑은 사람아
상념의 끝자락에 끌려 소슬이 아픈 생각이 든다

여울목

저 순백의 가슴 속으로
맑게 금이 가는 여울목
깊은 하늘의 이마에 걸린
외로운 구름 하나 헤집어
창은 고요로 서럽게 비치고
기다림의 선명한 빛 둘레 시나브로 헤집는다

꺼진 향불에 절망이 한가롭다
시린 외로움 끝을 옷섶에 감추고
긴 그림자 가슴살 도려낸다

맺힌 상처의 향내 던지며 길을 걷다가
발자국마다 시간 속 빛을 끌어당겨
무시로 바닥 닿은 허공으로
고요의 맑은 거울로 나를 비춰본다

속마음 비울수록 꿈 부스러기 날아오를 것 같아
여린 빛에 비추어야 은은하게 빛나는 기억들
차라리 가슴 한복판에 동그라미 하나 그리고 싶다

전봇대

지친 저녁 귓가에는
먹물처럼 스미는 어둠이 뒤따라와 앉아
지친 하루의 고삐에 매달려

적막을 깨뜨리며 사라진 낯선 그림자
단단한 어둠의 흔적을 그 자리에 내리깔고
어둠과 몸 섞어 조용히 사라진다

달빛 희뿌옇게 찰름 대는 소리
세찬 바람에 감겨 보기도 했던 날
귀때기가 빨갛게 달구어진 키 큰 전봇대가
붉은 빛을 원 없이 토악질해내고 있다

시린 바람은 살얼음을 비집고 들어와
뼈 속 깊이 묻어버렸다

곧은 신작로의 길 따라 길어지는 그림자
어둠은 밤안개를 가르며 쫓겨 가듯 달리고 있다
신 새벽을 기다리는 마음으로

고향

언제나 마음 한 구석 가진 맘 드는
내 살갗 와 닿는 햇살 맑은 그 곳에
이름 모를 풀벌레 소리가 지금도 들리는 듯하다

볕드는 미루나무 밑 풀빛 속으로 풀내음 나고
하얗게 자지러질듯 꽃 울음이 들리는
잊은 듯 있다가도 나 혼자 떠올리다 금새 서러워

기억 없는 날 누구와 같이 했던 풀각시 놀이
물소리 잦아드는 골짜기 덤불에 가시피고
길 아래 디딤돌마다 졸졸 흘러나오는 물소리

통지 없이도 언제나 나 기다리는 그 곳
저마다 시린 서러움에 제 얼굴 가리고
가슴 먹먹한 그리움 기별 없이 그 곳으로 띄운다

때때로 너를 부르며 눈물나게 가고 싶은 곳
봄에는 싹 돋고 가을에는 잎 질 줄 아는 그 곳

길 묻지 않아도 가지는 곳으로 지금도 향하고 있다

늘 낡은 신 신고 토방에서 기다리시다
하얀 무명 빛 웃음 보이시며
저만치 하얀 꽃바람 흔들어
등 토닥이시며 타이르시던 내 어머니가 계신 곳
나 언제나 그 곳을 향하고 있다

그리운 사람아

내 마음 파고 들어가면
머 언 지평선이 보일까
내 지난 방황들을 보듬어
낮달 같은 그리움 하나 속 깊이 간직한다

긴 세월 숨겨진 사무친 그리움 하나로
스스로 키 낮춘 그리움의 빛깔을 운반하는
눈부신 슬픔 벼랑마다 멍울져 내린 맘밭에
그리움의 붉은 속살 발라내어
목울대 넘어서는 서러움 감춘 씨로 남아

봄 언덕 풀섶 더미처럼 마르지 않는
그리움으로 속살 타버린 터지고 바랜 꿈을
죄처럼 캄캄한 가슴 깊은 곳에 나를 재우고
손금처럼 새겨지는 후회로 남아
그저 아득하기 만한 그리움도 그리워서 죄가 되는가

내 마음 깊은 바닥에서 향내로 피어나는 사람아

말없이 뿌리 내려 꽂혀있는 흔적으로
아주 잊힌 듯 오랜 세월
내 곁에 머문 그림자로 내 곁에 남아있다

그리움 너머로

아무도 모르게 너를 훔치고
푸른 가슴 달빛에 풀어헤쳐
진한 한 숨 거짓말로 농 녹을 때
내 그리움 야윌 대로 야위어서
밤마다 조금씩 녹아내리고 있다

어느 이름 없는 저녁나절
너를 향한 마음밭 무너져 지친 날
속대처럼 꽂히는 햇살 사이로
생채기 없이 무심한 시간은 스치고
허탈하다 외치며 사는 사람 많은 세상에
하늘을 찌르면 무슨 색깔의 물이 흐를까?

쪼그리고 앉아 밤새우는 먹통 같은 어둠이
내 그리움 발가벗겨 빛바랜 흔적으로 남아
어느 새 감아올린 칡넝쿨 길이만큼의 세월이었구나
그래도 그 흔적이 사랑으로 남아
그윽한 향기로 물들인 내 마음 담아 전할까

푸른 하늘로 향내 나는 내 얼굴 가려
쓸어도 사라지지 않는 낮달 같은 그리움이
저만치 어느 틈에 또 나를 보고 있다

갈대 기다림

늦가을 빈 하늘이 시름없이 흔들리다
그리움 가는 길에 발돋움하고
누구를 향한 마음이 어디쯤일까?
갈빛 머금은 억새가 은빛으로 물들고 있다

먼발치 건너는 허기진 세월은
저 고요가 햇살을 키우며
서녘하늘 비구름 달무리로 모여
빛 고운 나래 속살이 한 폭으로 걸려있다

지척에 닿지 않는 허망을 건너서
내 기다림은 제 안의 빛을 견디지 못해
마디 사이 끼어있는 오래된 기억으로
구김살 몇 개쯤은 남기고 싶다

까마득히 잊혀진 갈대 빛으로 굽은 시간
안개 품은 긴 세월에
오래된 것은 안부를 품는다

펴지 못한 기다림으로 누운 회한들
버리고 간 시린 날들의 벗은 마음
이마에 세월깊이 파인 이랑들 삶의 심연
하얗게 잊혀진 버린 조각은 얼마나 서러운가
아끼던 손거울 같은 달을 보며
누군가의 이름을 부르고 싶다

빈 들판

늦가을 언저리 억새 무심한 언덕길을 걷다가
엉겅퀴 잔뜩 내질러 투덕거린다
지친 저녁 들판 골 파진 둑길을 본다

허기진 꿈을 홍건히 품은 하늘채
해가 기울수록 길어지는 그림자를 뒤로하고
들녘에 깔린 하루치의 쓰라림으로
눈멀도록 지는 해를 향해 들판을 달려본다

잡힐 것 없는 빈 들판을 그늘진 노을로 퍼 담고
새무리로 신명나는 노래가 어지럽다
남루가 주는 고단함과 흙냄새 가득하다

땅내 깊은 풀밭 위에 하얗게 설움으로 부서지는데
이름도 없는 빈 들판에 뿌려진 무명의 허공으로
우리의 하늘 밑을 서성일 수밖에 없다
믿어지지 않는 햇빛 속으로 빈 들판을 빗어 내린다
무너져 내리는 세월의 그늘

지친 발걸음을 멈추고 잠시 쳐다보는
또 하루해가 목이 메인다

구절초

해질 무렵
바위 틈 사이
햇볕도 생각 없이 한나절 졸다가
구절초 홀로 피어 할미새도 떠난 뜨락

볼 붉어 스친 바람
목까지 여며 덮고
이름 없는 들꽃끼리
도란도란 새는 맘
한 뼘 햇살로 머물러 핀 꽃

산 그리매 지울 때쯤 들꽃 그림자로 울음 쏟아
속살 푸른 햇빛에
꽃잎 다물고
바람 한 올 건너 머물러
산그늘 가슴에 품고

먼 하늘에 찍힌 그리움 불러

바람에 밀린 서녘 하늘 바라보다가
휘청이는 구절초가 멀리서 해바라기한다
묵정밭 망초꽃도 홀로 더운 김 쏟는다

제3부

꽃길 걸어오는 날

민들레

봄 마당 끌어당긴 풀언덕 아지랑이 어른 거리는 들판에
풀밭건너 시냇물 흐르는 골짜기 봄바람 온몸으로 부풀려
흰 눈썹 날리며 쫓아온 여린 바람
연두빛 봄소리 들으려 가보자

노오란 민들레 피어 두리번거린 날
소리쳐 부를 수 없는 아득한 거리에
초록빛은 어쩌자고 꽃피고 지는 마음을
사연 없이 바람으로 흔들고 지나간다

햇살 안은 쑥부쟁이 겸연쩍게 웃고 있다가
아득한 봄빛으로 낯선 음표 찍어
시름에 겨워진 봄날이 통지 없이 져버릴라

외롭고 그리운 날에 바람결에 홀씨되어 던진 꽃
방향 없이 흩날린다
하늘로 날아간 홀씨는 꽃잎 우표 붙여 보냈을까?

봄날은 간다

꽃그늘 먼 하늘에 이고
풀잎은 그늘에서 졸고 있다
논두렁은 들판을 들쳐 업고
풀꽃은 꽃모자 흔들며 마중 나와
꽃가마 둘러메고 나직한 옷고름 섶 여민다

봄 익은 한낮에
시집가는 햇덩이
한나절 지나도록 깊은 포옹 풀지 못했네
산자락에서 기다리는 제비꽃
내 닫는 꽃바람에 부끄러워 눈가렸다네

한 폭 걸린 빛 고운 나래 속살
은모래 한 줌 뿌려
곱고 연한 빛 실버들 춤사위
풋 햇살 속 낯가림으로
하늘깃 풀어 누비옷 짓고
삭바람 빗질하여

서러움 걸러내어
먼 하늘에 찍힌 그리움 불러
달뜨면 찾아오라 당부하고
강바람 불러와 목단배 하나 띄웠다네

허공 잡아 올릴 것 같은
봄날에
여린 손 내미는 것 같아
고운 눈빛으로 보듬는다

다시 돋는 봄

저기 노을빛으로 꽃잎이 피려는
저 꽃의 이름은 무엇일까
눈부시게 활짝 열린 꽃잎도
마른 하늘에 머리 돌려 봄볕에 졸고 있다

환한 햇살이 한나절 한 눈 팔다가
맨살로 봄빛 받아 봄꽃이고 싶어서
연초록 꽃망울에 붉은 꽃잎 설핏
초롱한 눈망울이 기웃거린다

글썽이던 꽃잎은 이내 지고
그 상처 위에 다시 돋는 봄
여위 손으로 하늘 붙잡고
가슴 벅찬 환희에 여명의 햇살은 퍼지는가

봄은 언질 없이도 먼저 온 싹들과 통성명하고
하얗게 꽃사레 치는 들판
그 긴 꽃자루들의 떨림

하늘은 정정하게 맑음으로
연두빛만 차오르는데
누군가를 부르다 가슴에 묻은
그리움 접고 풀각시 시집가던 날
서러워 아픈 꽃자리
사무처 그리는 이 있음을 기억하소서

꽃길 걸어오는 날

안개꽃 흰 너울 쓰고 향기 은은한 꽃길을
풀꽃 고운 햇살
하얀 미소로 순결한 이슬 빛으로
온천지 가득한 하늘 열린 날

고운 꽃 환한 향기 퍼지고
사뿐히 걸어오는 고운 꽃길 위에

등꽃 꽃망울 터지는 푸른 소리 들리고
실버들 고운 연한 빛 비추어
꽃술로 보듬어 은빛으로 물들인다

이슬방울 하얀 꽃으로 피어나는
청자빛 하늘 여는 이천팔년 팔월 삼십날*

빛 고운 나래 여린 속살로 품어
저 순백의 여울로 꽃길 걸어오는
새아씨 볼에 떠오르는 부끄럼 같이

풀 아래 맑은 샘물 같은 미소로
옥빛 무지개 피어오르는
고운 빛 실비단 은박으로 수놓아

영원보다 더 긴 행복의 꽃길을
이천 팔년 팔월 삼십 날만 같아라

* 2008년 8월 30일은 황문숙시인이 정혜경을 며느리로 맞이한 날이다.

산수유꽃 핀 날

산새를 끌어안은 여린 바람
꿈을 풀던 봄 햇살
노오란 목덜미가 서로 반가워 엉켜 흔든다
하늘 멀리 던지는 햇살덩이 하나
바람결에 끄덕이는
구름꽃다지 한 다발

아득히 잊었던 얼굴
연초록 물이 온몸에 퍼진다
다문 잎 속에 고인 향내 가득 머금고
한 소식 몰고 온 참 진달래
햇살 토실한 봄날 언저리 저편
여린 꽃잎 핀 자리 명상처럼 환하다

버려진 삭풍 끝에 꽃무리 흔들리는
꽃 속에 터진 맘 하늘까지 사무칠까
노란 꽃망울이 물처럼 번진다

노란빛과 연두 사이
그 사랑의 틈새 뜨거웠네
먼 길 돌아오는 햇살이
그득그득 고이는
빛고운 꽃가지 흔들어 노란이야기
도란도란 새고 있다

찔레꽃

흰 빛 두른 고요가 몰고 오는 햇살
잎사귀 어깨매고 우뚝 선 하늘 구름 밑
어느새 흰 빛 새살 얼비치어
소색(素色) 꽃등 하나 켜고 섰다

찔레 향 묻은 마음에도 시들어 버린 꽃잎 속 가시
가붓한 흰 꽃으로 촘촘히 스미어
먼 구름 비킨 햇살
가던 길 멈춰 쉰 꽃
들찔레 숨은 숲에 머리 찔린 채
수줍은 꽃망울 오롯이 여는
하얀 갈망

몰래 솟은 흰 가시 속셈
목마른 그리움에 찔린 가시 서러워
은빛으로 접은 깊은 한숨
꽃대 위에 앉힌 손
촉촉한 흰빛 결이 서러워 애잔하다

빈 하늘 자락잡고 까닭 없는 슬픔으로
등 뒤에 숨은 그리움도 털지 않고 그냥 간다

스치는 바람 한끝자락
가슴 풀어헤친
봄날아
연초록 이파리에 내 꿈 싸서
가슴 키 서러운 날
찔레꽃 가슴앓이 혼자 앓고 있었지

등나무

벗지 못한 뒤틀린 굴레
바람의 채찍에 엉켜 등이 굽어
넝쿨에 엎드려 하얗게 핀 봄날
서둘러 햇살 챙긴 꽃빛 살 속이 분주하다

바람 너머 내민 손등
빈 구름 위로 밀려든 엷은 그리움
꽃술로 터진 맘
보랏빛 꽃등
하늘까지 사무칠까

가슴 끝으로 채우지 못한 그리움 두고도
반가운 악수 한번 청하지 못했었네

몰래 핀 잎사귀도 밀어낼 줄 모르고
수줍은 꽃망울 오롯이 모여
구름 뒤에 웅크려 모여 앉아
숨어서 한 세상 이야기

누가 몰래 들었을까?

그대 손이 내 마음에 닿던 날
까마득한 그리움으로 서러워
울음 우는 파랑 멍꽃을 수시로 건너다 본다
돌아보면 긴 세월 그리움 먼 하늘 적신 날

당신이 먼 길 지쳐
걷는 그림자 길어질 때
어깨 위로 환한 불 밝혀주는
등꽃 하나 내주고 싶다

박꽃

실눈 뜨면 망설이는 복사꽃 필 것 같은
좁은 풀길 따라
졸린 눈 누워 앉은 어질머리 흰 박꽃

흰 조각 박힌 자작나무 등걸이 이고
높이 걸린 허공으로
헤진 가슴 풀어헤쳐
명주실 같은 봄날로 속절없이 울더니만
햇살 겨운 박꽃 위에
앉아 조는 종다리
봄날에 큰 북 같은 낮달 하나 올려놓고
하얗게 자지러지는 꽃울음이 졸고 있는
그곳에 가면 봄이 와 있기로 했다

그리운 내 어머니 찔레처럼 하얗게 서 계시고
하이얀 옥양목 같은 하늘빛으로
깨끗한 구름천 말아 옷 두어 벌 지어드리고 싶다

생생한 연초록 울림
어둔 귀 밝히고
노란 꽃다지 애기똥풀 앵초 한 아름
하늘가득 몰고 있다

바람에 부대끼는 겁 많은 풀잎들
상한 맘 품어 앉은 하얀 그림자
꽃피울 맘 없는 무심한 꽃도 박꽃보고 웃고 있다

넉넉한 하늘 가슴
흰 구름 둥둥 실려 가는 날
한 무리 터져 나오는
하이얀 세상
환히 밝혀주는 꽃

능소화

바람 한 올 산 하나 가슴에 품고
못 이긴 척 온 봄날에
얼비친 세월에 씻긴 얼굴 붉어져
튼 햇살 막 가려워
빛보다 팽팽한 울림으로 하늘 받쳐 든 꽃

울창한 그림자는 득음의 붉은 상처
무람없는 숨소리 풀어놓고
아득히 건너다보는 강물 같은 정(情)건는
하늘같은 꽃자리 엉켜 올려다본다

응어리진 가슴으로 그리움 못다 풀고
사랑이 깊어 하얀 마음도 붉게 물들이는 꽃
오직 하나의 마음으로
하늘가에 지순히 올리는 기도 같아라
연초록 잎새가 바람의 눈빛인걸
태양도 지친 서녘 하늘
바람 한끝이 귓불에 스친다

낮은 하늘 업어 핀 꽃 붉은 빛
갈채를 기다리듯 곧은 숨결
한바탕 바람타고 올라가
기다림의 끝을 햇살 아픈 움츠림으로 버틴다

생명끈 떨어진 고사목에 봄날로 감아 핀 꽃
엎드려 머리 얹혀 웃고 있다
단단한 속내 열면
투명한 붉은 빛 혼이 솟는다
정적으로 꽃핀자리 아린 빛이 애처롭다

제비꽃

명경처럼 환한 어지러운 햇살 속
환한 무명빛 물빛으로 어른대는
흔들리는 순수의 밀향(密香)
하늘에 걸린 은빛 햇살 몇 개 몰고 와
은밀한 눈짓 꽃으로 보내고 있다

지난 초록 세월 곱게 갈아 다듬어
갈증 난 바람결
보랏빛 한 무리 터진 눈동자
그늘 풀섶 머리깃 나풀댄다

여린 잎새마다
하늘춤
새소리
묵은 자리 꽃으로 한철 내민 작은 얼굴들
까치발로 제 키만큼 서서
하늘 받치고 모여섰다
여리다 탓한 수줍은 보랏빛 누운 꽃

고요하면 더 맑아 진종일 하늘로 고은 빛 올린다

꽃빛 풀어놓은 빛 타고 향기 채우는
한량없는 하늘가

꽃으로만 꽃으로만 둘이서 속 깊은 소리
애잔한 제 속빛 작은 풀 그림자로
꽃눈이 풀섶에 무더기로 쏟아 모였다
수상하다!
어머나 꽃들이 앉아 한눈을 파네
그리움 운반하는 꽃잎 가슴속
설레는 가슴 토닥이며
까닭 없이 슬퍼져서 앉아 피어도 하늘 보듬어 안은
앉은뱅이꽃
봄빛 동향해 더부살이 햇살 줍는다

흰 수련

한지 같은 연못위로 은빛들이 미끄러진다
허공을 풍경삼아 사르라니 흔들리는 미풍
무심한 구름의 인연으로 연못으로 내려앉아
해는 물에 젖지 않고 기별 없이 못 속으로 들어가
순한 바람 품에 안아 눈으로 고요를 보낸다

오므렸던 그리움으로 그 하얀 입술 가붓하게 열어 보이고
나비를 놓쳐버린 하얀 손이 무색하다
영원을 담아 수줍듯 앉은 가부좌의 모습으로
반짝이는 은빛으로 누워 하늘을 헤치고 나와

흰 구름 닮은 지극한 마음으로
흰 햇살 한소끔 받아 허공과 내림굿 한판 중인가?
마음 가닥 풀듯 가슴 속 사연 어디 있는지
꽃피울 그리움마저도 아니 남기고
무심한 향내 한 자락 뿐

가슴 가득 맑은 혼을 담아 더 맑은 눈빛으로

스스로를 낮추며 정갈한 마음 여미는 중이라고
흰 꽃 속에 터진 빛깔이 하늘까지 사무칠까?
물위에 흰 수련은 섬광처럼 눈부시다

강물 속으로

어김없이 흐르는 강물에는
진초록 바람이 하늘 빛이었나
하늘을 손가락으로 찌르면

아픈 푸른 물이 흐를까
닿지 않는 지평선으로도
하늘을 담지 못했다

강물 속 빛 짙푸를수록
태초의 강물은 더 약속했나보다
각질 벗겨낸 사랑의 뒷자리에다
기어이 맘 가득 헤지픈 맘 움켜쥐고
세상 짐 다 풀어 놓는다

마음을 가다듬고 보듬어
머무는 눈길 물소리뿐
모르는 세상 굽이 휘돌아
푸르게 푸르게 흘러 가없이 떨리는 하늘의 북청색이
하늘찬 물소리로 가득하다

흐르는 강물 속에 마음 담은 시간 속으로
잠시 눈길 주던 강물이 어찌 그리 깊은지
저 널린 허무를 가꾸며 마침내 물비늘에 눈이 부시다

찬 억새풀

별빛 두른 고요가 어스름 몰고와
강바람 물빛에 흰머리칼 흩날리고
늦은 가을 저린 달빛으로 쏟아내린
빛 고운 엉겅퀴 바위틈에 숨어피고
서럽게 발목잡힌 서걱이는 억새소리
저 산 너머 찬바람소리 누가 엿듣는가

딱총새가 기웃대다 훔치듯 몰고온 시린 바람
서리꽃 엉킨 강둑 뒤돌아 볼 새 없이
갈바람 온몸 부풀려 겁에 질려 망설이다
저무는 구름결에 서러운 하늘 빛은
먼 산 너머 찬이슬로 퍼붓고
서리 내린 산그늘 벗은 몸으로
갈대 숲 흔들림에 설핏한 산그림자로 내려 앉아
또 하루치의 해가 둥지속으로 숨어 눈감춘다

마른 시간으로 젖은 줄 긋고 멀어져 가는 어둠속
서둘러 찬서리로 머리 얹은 찬억새풀

시린 울음 털어 빈가슴에 묻고
흔적 없이 날려 보낸다

가지 끝 홍시 하나

마루 끝에 한줌 햇살 퍼붓고
등 돌린 해의 성근 구름 뒤를
훔쳐보는 마른 하늘
환한 언저리 제 걸음으로
허공에 뿌린 잎들 기억의 부식으로 떨어진다

한 무리 맑은
아리도록 붉은 빛
늦은 햇살로 달군 불 밝혀
빠 … 알 … 간
푸른 하늘채에 걸려 아우성으로 붉어진 얼굴
마른가지 끝에 매달려
투명한 불빛 품어
제 몸속을 비추고 있다

한 움큼의 별으로 수태한 만삭이 된 세상
이제 붉은 진통으로 토해내고 있다
설운 볼 적시는 뜨거움

노을빛 섞어서 하늘빛 영근
늦가을 한복판

오랜 그리움 잔가지에 걸려 서러운 날
등 토닥여 내린 빛
이 가을 굽지 않고도 절로 붉은 숙명
허공을 가득 잡아 올린
이 가을에
터져 오는 울음이 붉다

나목

바람 속에 끄덕이는 잔가지 사이로
산새를 끌어안고 마른 꿈을 풀던 바람
겨우내 솔기로 뜨는 표피의 아픔
습기가신 우듬지 너머 하루치 그림자

인연 끈 떨어진 겹 많은 마른 잎
철지난 세월 갈아 다듬고 갈증 난 바람
빈 가지 끝에 하늘만한 그리움 걸어놓고
허방너머 슬프게 보이는 토실한 새 한 마리

하늘에 반투명 환각 같은 구름섬
시려도 고운 바람 가슴에 그득 담고

절반은 허무로
마른 혼의 남루가 빛으로 선명하다
목마른 마음밭에
흔들림 없는 사색의 푯대 세워
찬바람의 채찍에

속내 감춘 가슴

찬 서리로 벗은 나무 무장무장 하늘로 내는 곧은 길
젖은 비늘 같은 우울을 털며
까만 기억 밖으로 밀려난
하얀 머리 날린 기다림을 줍고 있다
이제 몰려올 통지 없는 봄소식을
쓸쓸히 지켜볼 일이다

눈꽃

잔 서리에 얼어맞은 갈대꽃이 서러워
겨울나무처럼 제 속으로 야위어가고
입새 위에 걸려 밤마다 우는 달빛이
겨울걷이에 뜨악하다

찬 수풀 위에 서러운 잎새들이
시린 눈꽃은 찬바람을 다독이고
기진한 나무들이 하얗게 얼어붙었다
흰 서리 앉은 빛 눈꽃 녹은 아픈 꽃자리
서리 앉아 떠오르는 새뽀얀 숲의 얼굴
처진 잔가지 손길이 애처롭다

눈꽃 휘날리는 잿빛 하늘에 서 있는
함박눈 내리는 초침소리 들리는 한 밤
소나무는 잔가지를 흔들어 마른눈을 뿌린다

심산유곡을 눈 녹인 물에
묵언으로 전한 시린 꽃잎 띄우고

눈꽃 지기 전에 꽃 피우라 당부하고 사라진다

시린 골바람도 그저 견디기만 했을 뿐
얼어 닫힌 꽃잎 열면 투명한 피리소리
마지막 지상의 시간으로 하늘길 열어
고운 나비가 되어 사라진 눈꽃으로
외로운 것은 나만이 아니었다

고드름

서리꽃 엉킨 한기 찬 머문 빛
살얼음 피돌기에 힘겨워 몸 푸는 날
잔가지 차가운 달이
밤새 흰눈 되는 찬 빛으로
하늘가에 울고 있다

찬 햇살 튼실한 칼바람에
하늘빛으로 떨어지는
눈부신 물빛에 한기를 느낀다
시린 잔설에 제 그림자에 놀라 지쳐 울 때
찬바람 그네타고 투명해진 곧은 이마
햇빛 받아 눈부신 시린 눈꽃 물
내 눈물로 남의 속 달래는 고통으로
빈 가슴 털어내는 투명한 찬 물빛

얼어붙은 속살 털어 알몸으로 선 얼음꽃
한겨울 매서운 골바람도
그저 견디기만 했을 뿐

제 몸 물든 빛깔
찬 꽃물로 흐를 때
초롱한 물빛에 얼비친 시린 꽃
얼음 뿌리가 무너진 산그늘

햇살도 울고 간
차가운 빛 머문 곳
언 겨울 산은 말이 없었다

긴 겨울

긴 겨울 저문 어귀를 돌아
핏발 세우던 숨 가쁜 함성
아픈 유배의 사슬을 끊고

시리도록 아픈 기억으로 망막 걷히던 날
긴 겨울 가물한 비상을 위한 발돋움으로
비로소 겨울을 건너는 잿빛 하늘이던 그날
저마다의 계명으로 노래 부른다

머지않은 개화의 눈물겨운 용틀임으로 되돌릴 수 있는지
사색과 묵상으로 무념의 숨을 쉬기를 기다리듯
날 세운 퍼런 겨울밤이 끊어질듯 가물댄다

수렁 속 표적을 겨눈 시린 긴 겨울이
어쩌면 죽음 같은 겨울잠에서 깨어나
하늘을 스물대던 물기로 땅을 적시면
긴 겨울을 이겨낸 싹이 꽃보다 아프다 하겠지

제4부

시집평설

자연과 동화된 황문숙의 시세계

강 우 식
(시인)

> 나는 나이고 나의 그리고 환경이다.
> – 오르테가 이 가세트

1.

'나는 나다.'라는 철학적인 명제는 우리들에게 많은 생각을 하게 한다. 나 자신이 지극히 개인적인 존재라는 인식을 하게 되고 개인이란 고립되어진 때로는 이기주의적이고 독단적인 개체임을 말하기도 한다. 이런 내가 나이면서도 환경이라고 했을 때는 사회적인 제반 여건과 결부되어 전혀 다른 양상을 나타내고 다양해진다.

특히 시라는 장르와 만나면 '나는 나다'의 나는, 나다운 시를 쓰는 나로 나타난다. 나다운 시란 내 자신이 잘 드러난 시다. 한 편의 시가 잘되었거나 못되었거나와 상관없이 자기만의 체취가 드러나는 시를 썼다는 의미도 되고 더 넓게는 자신의 시세계를 구축했다는 뜻도 가진다. 그런 의미에서 근일 나는 시란 무엇인가 하는 문제보다 내가 왜 시를 쓰게 되었는가 라는 점을 더 심도 있게 생각하게 되었다. 이것은 지극히 개인적인 편차에 의존한다. 시란 우리가 살아가면서 겪게 되는 희노애락이나 탐진치 등이 야기하는 다양한 감정과 연관이 깊다. 나는 이 모든 것들을 하나로 뭉뚱그린 절실한 마음의 노출이 바로 시라고 본다. 시를 감정의 산물이라 할 때 이 감정이란 보편적인 감정보다 시적인 감정의 유로이고 이런 감정은 당연히 절실하게 와 닿아야 한다. 절실한 감정이 없이 한 편의 시가 씌어졌을 때 그 시가 좋은 반응을 얻지 못하는 것은 너무나 당연하다. 우리 시문학사에서 절실한 감정이 시로 나타난 예는 쉽게 찾을 수 있다. 조선시대의 내방가사류다. 이들 시가들은 전문적인 시인에 의해 창작되어진 작품이 아니다. 하지만 훌륭한 문학작품으로 오늘날까지 남게 된 것은 딸을 시집보내는 어머니의 간절하고 절실한 마음이 시로 표출되었기 때문이다.

황문숙의 시가 그렇다. 살아가면서 얻은 절실한 마음의 흐름이 편편이 시가 되어 있다. 시 속에 자연이 투영되어 있고 자연 속에 절실한 그리움이 녹아 있다. 황문숙의 시는 자기만의 목소리로 크게 잘 쓰려고도 하지 않고 과장되게 꾸미려고도 하지 않고, 있는 그대로의 느낌을 자연에 기탁하여 쓴 산수시의 세계다. 그런 면에서 황문숙의 시는 '나는 나이고 나의 환경이기보다 나의 자연이다'라고 할만하다.

2

자연은 시인이 가져야할 가장 기본적인 시의 바탕이다. 나는 시인은 무엇보다도 자연과 친밀하고자 하는 동일성적인 삶의 태도를 지녀야 된다고 본다. 자연과 동떨어진 자세로는 결코 좋은 시를 쓸 수 없다고 믿기 때문이다. 시에 나타난 자연관도 동서양이 각기 나름의 특색을 가지고 있고 또 우리나라는 우리 나름대로의 자연관을 가지고 있었었다. 동서양의 자연관의 차이점을 나는 요산요수로 표현한 적이 있다. 仁者樂山 知者樂水 仁者靜智者動의 세계가 그것이다. 즉 어진 자는 산을 좋아하고 지혜로운 자는 물을 좋아하는데 어진 자가 좋아하는 산이란 정적인 것이요 지혜로운 자가 좋아하는 물이란 동적인 것으로 정적이 것은 대체로 동양적인 자연관, 동적인 것은 서양적인 자연관이라고 정의한 적이 있다. 동양적인 자연관에서도 우리는 우리 나름의 자연관이 세워졌는데 明哲保身하고 安分知足하는 자연관 속에서 생겨난 강호가도파의 시가가 그 좋은 본보기다. 한 편 한 발짝 더나간다면 우리시가 속의 산수시의 세계도 그러하다. 산수시의 개념은 대강 세 가지로 볼 수 있다. 첫째는 산수의 경치를 읊은 것이요, 둘째는 경치를 그려 홍취를 나타낸 것이요, 셋째는 경치를 그려 홍취를 나타내고 아울러 주제를 전하는 것이다. 물론 이 중에서 으뜸이 되는 것은 세 번째다. 황문숙의 시는 이들 산수시의 개념 세 가지를 다 포괄하고 있다. 특히 황문숙의 시를 산수시로 보는 것은 시집에 실린 70여 편의 시들 중 자연을 읊지 않은 시는 「넋두리」, 「오래된 침묵」, 「죽은 집에 귀뚜라미」, 「전봇대」 등 몇 편에 불과하기 때문이다. 나는 황문숙의 산수시들 중 기억할만한 시로는 「열린 하늘 속으로」를 주목하고 싶다.

> 하늘의 빗장을 열고 그 푸름 속으로 들어간다
> 비를 구름으로 묻어두고 꽃씨로 덮고
> 지상의 염원을 맨발로 차올리고
> 그 발길질에 놀란 푸른 하늘색이 무색하다
>
> 강물을 거슬르며 거센 물살로 튀어오른다
> 지상의 마지막 숨을 돌린다
> 그물에 걸린 하늘이 펄럭인다
> 밀려난 소리의 물결 하나가 바람을 밀고 남아서
> 하늘의 새들이 대지인 듯 와락 펼쳐진다
>
> 고적한 녹원의 푸른 이끼 냄새
> 하늘과 땅이 뒤바뀌는 바람의 돌기
> 날개도 없이 공중으로 날아가면
> 빗장열린 하늘에 닿을 수 있을까?
>
> 햇살이 눈을 굴리고 옥빛을 빗는 염원으로
> 동공 열린 거울은 쓸데없이 열린 하늘을 담고 있다
>
> 고운 눈시울을 들여다본다.
> 마음 맑은 사람아
> 상념의 끝자락에 끌려 소슬히 아픈 생각이 든다
>
> -「열린 하늘 속으로」 전문

이 시의 화자는 '하늘의 빗장을 열고 그 푸름 속으로 들어간다.'에 보듯이 '들어감'을 통해서 자연과의 합일되고자 하는 태도를 드러낸다. 왜일까. 생생력적인 삶의 활력을 위해서다.

하늘에는 비를 머금은 구름이 있고 땅에는 꽃씨가 덮여 있다. 하늘, 비는 남성적인 상징이요 땅(대지)는 어머니이자 생산성을 대표하며 꽃씨 또한 여성 상징이다. 음과 양의 합일된 조화성을 희구하고 있다. 그리하여 마침내는 한 생명이 거대한 자연의 이름으로 잉태되듯이 꽃씨들은 살아나 자연이라는 거대한 자궁 속에서 태아처럼 발길질하게 된다. 푸른 생명의 약동은 힘차다. 대지와 하늘과 바람이 튀어오르고, 숨을 돌리고, 펄럭이고, 펼쳐진다.

하지만 자연과의 하나됨은 시적 화자의 바람으로 끝나고 있다. 화자는 3연에서는 회의한다. '고적한 녹원의 푸른 이끼 냄새'라는 시구에서 화자의 현존재로서의 삶을 읽을 수 있다. '이끼'의 상징이 그것을 암시하고 있다. 이끼는 세월의 흐름이 만든 고색창연함의 대명사요 전통성을 나타내는 상징물이다. 새로운 세계로의 삶이란 꿈도 꿀 수 없는 고정된 틀에 갇힌 보수성을 지닌다. 그리하여 '하늘과 땅이 뒤바뀌는 바람의 돌기' 즉 천지개벽의 회오리바람이 불어야 하늘에 닿을 수 있을까? 회의하는 것이다. 4연은 '햇살은 눈을 굴리고 옥빛을 빗는 염원으로'는 자연에 대한 자각이다. 놀라운 표현이다. 우리는 간혹 태양이 눈을 닮았다는 생각은 한다. 하지만 태양이 쏘아대는 햇살을 눈이라는 생각은 못한다. 그런데 촉각처럼 와 닿는 빛을 눈이라 표현한 것이다. 세상 만물을 골고루 살피고 관장하는 햇살이란 눈처럼 보고 와 닿는 것임에 틀림없다. 그것도 옥빛을 빗는 염원에서 보듯이 모든 생명을 푸르게 키우는 싶은 염원을 가진 생명을 생명이게 하는 눈이다. 불과 몇 자 안되는 표현으로 자연을 포괄하고 있는

재주가 놀랍다. 그런데 전지전능해 보이는 이런 자연에 비해 화자인 나는 어떤가. 자연과 합일된 삶을 영위하고자 하는 화자의 염원은 '거울'을 통해 자기 성찰적인 모습을 보여주고는 있다. 하지만 '쓸데없다'라는 말로 합일되지 못하는 좌절과 절망을 보인다. 자연과의 심한 괴리감을 드러낸다. 어쩜 극도의 허무주의를 내포하고 있는 '쓸데없다'라는 감정의 표출은 자연과의 동화를 염원하는 간절한 마음이 컸기에 그만큼 실망도 크다는 뜻으로 여겨진다. 이와 같은 간극이나 삐걱거림은 황문숙 시의 여타 시편에서도 흔히 보이는 특징의 하나다. 나는 황문숙 시인의 이런 시적 경향은 불협화음을 통해 내재되어 있는 스트레스 같은 것을 해소하려고 하는 무의식적인 의도로 생각된다. 이제 시의 마지막 연을 보자. 끝 연은 시의 진행상 좀 엉뚱하고 돌출적이다. 갑자기 이제까지의 시적 흐름(자연 속에 들어가 자연과 하나이고자 하는)과 상관없이 '마음 맑은 사람아' 라고 타자를 부른다. 마음 맑은 사람이란 마음 바탕이 자연을 닮은 무공해한 사람이다. 화자는 자연과의 합일된 세계로 잠입하지 못한 상황을 자연과 비슷한 마음 맑은 사람을 불러 위로를 받으려 한다. 하지만 시도는 무위로 끝난다. 결국 열린 하늘 속으로 갈 수 없는 쓸쓸함을 드러낸다. '상념의 끝자락에 끌려 소슬히 아픈 생각이 든다.'가 그것이다. 이처럼 「열린 하늘 속으로」는 독자들에게 자연과의 합일성을 모색하다가 끝 연 부분에서는 사람과 사람과의 관계를 갑자기 드러냄으로 충격을 주는 시적 효과도 염두에 둔 작품이다. 자연을 읊되 단순히 자연의 서경성만 노래한 것이 아니라 자연과의 간극이나 틈을 절실한 심정으로 노래한 점이 황문숙 시가 갖는 색깔이다.

황문숙 시집에는 꽃을 매개로 하여 쓴 시들이 많았다. 이 꽃을 통해 황문숙 시의 다양한 변모를 보고자 한다. 우리는 보편적으로 꽃은 그저 아름다울 뿐 전혀 갈등이 없는 상징물로 취급한다. 꽃은 모든 식물들이 다 그러하듯이 비활동적인 정착성이 조용함, 정숙, 순수, 순결 같은 여성성을 불러일으킨다. 황문숙의 꽃에 대한 이미지도 갈등보다는 흰 색감의 주는 순결성과 일차적으로 관계가 깊다.

안개꽃 흰 너울 쓰고 향기 은은한 꽃길을
풀꽃 고운 햇살
하얀 미소로 순결한 이슬 빛
온천지 가득한 하늘 열린 날

고운 꽃 환한 향기 퍼지고
사뿐히 걸어오는 고운 꽃길 위에

등꽃 꽃망울 터지는 푸른 소리 들리고
실버들 고운 연한 빛
꽃술로 보듬어 은빛으로 물들인다

이슬방울 하얀 꽃으로 피어나는
청자빛 하늘 여는 팔월 삼십날

–「꽃길 걸어오는 날」 일부

꽃과 결혼식장의 신부와 동일성을 띠고 있다. '안개꽃 흰 너울 쓰고'에서 읽을 수 있듯이 하이얀 면사포 쓰고 결혼식장을 걸어 들어오는 신부의 순결한 모습을 꽃길을 걸어오는 것으로 표현하고 있다. 꽃이 핀다는 것은 꽃의 생애에서 가장 아름다운 절정의 순간을 의미한다. '하늘이 열린 날'이다. 개벽의 순간인 것이다. 세상의 꽃들은 무슨 색깔의 꽃이든 순결하다는 의미에서 흰색이다. 시인은 그렇게 믿고 있는 것 같다. 그리하여 꽃들은 마침내 꽃이라는 모양의 탈을 벗고 본질을 드러낸다. 형상은 사라지고 '하얀 미소 순결한 이슬 빛'이 된다. 또 '향기'가 되고 '소리'가 된다. 더욱이 '이슬 빛'이었던 빛의 윤곽이 '은빛'으로 순결성의 빛남을 드러내고 '소리'는 '꽃망울 터지는 푸른 소리'로 들린다. 빛과 소리와 순결은 생생력의 최상의 순간을 나타내고 있다. 꽃이 개화된 최상의 순간이다. 그것을 신부의 모습에 비하고 있다. '고운 꽃 환한 향기 퍼지고'로 표출된 꽃. 향기도 마찬가지다. 물체는 향기 속에서 완벽하게 증발한다. 존재는 없는 것처럼 되고 향기가 존재를 대신한다. 향기는 존재에의 스침이다. 존재는 氣化되어 퍼진다. 황문숙은 꽃을 단순히 물상으로만 보지 않고 본질인 소리와 색깔과 향기로 파악하고 있다. 그러면서 꽃의 이미지는 확대된다.

> 실눈 뜨면 망설이는 복사꽃 필 것 같은
> 좁은 풀길을 따라
> 졸린 눈 누워 앉은 어질머리 흰 박꽃
> (중략)
> 그리운 내 어머니 찔레처럼 하얗게 서 계시고
> 하이얀 옥양목 같은 하늘빛으로
> 깨끗한 구름천 말아 옷 두어 벌 지어드리고 싶다
>
> －「박꽃」 일부

「꽃길 걸어오는 날」의 순결한 신부의 흰 색 이미지가 「박꽃」에서도 흰색을 통해 어머니와 동일시되고 있다. 왜일까? 오늘 순결하고 고운 신부의 이미지를 고이고이 간직하고 살다 세월이 흐른 후 늙어서도 어머니처럼 되었으면 한다는 마음속에 담긴 지극한 사랑 때문이라고 믿어진다. 어머니는 황문숙 시인에게는 '하이얀 옥양목 같은 하늘빛으로 구름천 말아 옷 두어 벌' 지어드리고 싶은 존재다. 구름천이란 천사와 나뭇꾼의 전설에서 천사가 입고 하늘을 오르내린 옷의 옷감으로 상상된다. 흰색이 너무나 순결하고 눈부시다. 푸르른 하늘빛도 너무나도 푸르러 마침내 하이얀 옥양목 빛 하늘이 되듯이 어머니의 이미지는 바탕부터가 천사처럼 순결하고 깨끗하다. 그리하여 마침내는 복사꽃 같기도 하고 찔레꽃 같기도 하고 박꽃 같기도 한 어머니. 어머니는 환한 봄날같이 봄날에 피어오르는 아지랑이같이 순결하여서 어지럽다. 황홀하도록 순결하다. 이렇게 신부와 어머니는 깨끗하다는 면에서 동의어다. 황문숙의 시에는 흰 색에 대한 시어가 많이 동원되고 있다. 한 두 편의 꽃에 관한 시편들에 국한되지 않는다. 「박꽃」, 「찔레꽃」, 「흰 수련」, 「눈꽃」, 「산수유꽃 핀 날」, 「능소화」, 「제비꽃」, 「부추 밭에서」, 「민들레」, 「구절초」 등에서 다양하게 그 의미가 확산되고 있다. 흰색은 흰 빛이라는 단순성에서 벗어나, 하얀 갈망, 흰 가시, 하얀 손, 하얀 입술, 흰 구름, 흰 속살, 흰 조각, 흰 서리 등으로 그 폭을 넓히고 있다. 이것은 시인이 지닌 여자로서의 식물성적 정갈함 또는 슬픔과도 깊이 연관되어 있는 듯하다.

흰 빛 두른 고요가 몰고 오는 햇살
잎사귀 어깨매고 우뚝 선 하늘 구름 밑
어느 새 흰 빛 새살 얼비치어
소색(素色) 꽃등 하나 켜고 있다

찔레 향 묻은 마음에도 시들어버린 꽃잎 속 가시
가붓한 흰 꽃으로 촘촘히 스미어
먼 구름 비킨 햇살
가던 길 멈춰 쉰 꽃
들 찔레 숨은 숲에 머리 찔린 채
수줍은 꽃망울 오롯이 여는
하얀 갈망

몰래 솟은 흰 가시 속셈
목마른 그리움에 찔린 가시 서러워
은빛으로 접은 깊은 한숨.
꽃대 위에 앉힌 손
촉촉한 흰 빛 결이 서러워 애잔하다

빈 하늘 자락잡고 까닭 없는 슬픔
등 뒤에 붙은 그리움도 털지 않고 그냥 간다
-「찔레꽃」 일부

황문숙의 꽃에 관한 시 중 흰 색 표현이 그중 자주 나온 시다. 찔레꽃을 '소색 꽃등 하나 켜고 있다.'라고 하여 상복을 입은 여인네 같은 애잔한 슬픔이 깃든 작품이다. 봄날에 핀 찔레꽃을 보며 나도 이 시와 같은 생각을 한 적이 있다. 봄날이면 왠지 모르게 서럽다. 꽃피어도 눈물나고 아지랑이 타오르는 거 봐도 서럽고 산들 봄바람 한 자락 스쳐도 왠지 서럽다. 그리고 뭔가 그리워서 무작정 서럽기도 하다. 공연히 아무런 이유 없이 서러운 감정은 가장 순수하고 정갈한 감정이다. 가슴 속에서 솟아오르는 맑디맑은 샘물과 같다. 하이얀 찔레꽃이 특히 '서러워 애잔하다'는 생각을 한 적이 있다. 그 풍기는 꽃향기가 너무 강해서 서럽고 어딘지 모르게 소복을 입은 사연 많은 여인 같은 이미지가 그러하였다. 들찔레 숨은 숲에 머리 찔린 여인 같은 꽃. 너무 충격적인 상처를 입은 듯한 꽃. '목마른 그리움'을 가지고 있으면서도 그 그리움을 털지 못하고 가는 꽃. 그것이 찔레꽃에 대한 황문숙의 흰 색 이미지다. 흰 색은 꽃, 신부, 어머니, 그리고 정갈한 슬픔과 그리움에 닿아 있다. 그리움도 앞에 있지 못하고 뒤에 있는, 양지보다 응달쪽인 슬픈 그리움에 닿아 있다. 그 그리움은 털어도 털어지지 않는 내 몸의 일부 같은 것이어서 일생을 그냥 같이 공존할 수밖에 없는 것이기도 하다.

오므렸던 그리움으로 그 하얀 입술 가붓하게 열어 보이고
나비를 놓쳐버린 하얀 손이 무색하다
영원을 담아 수줍듯 앉은 가부좌의 모습으로
반짝이는 은빛으로 누워 하늘을 헤치고 나와

흰 구름 닮은 지극한 마음으로
흰 햇살 한소끔 받아 허공에 내림굿 한판 중인가?
마음 가닥 풀 듯 가슴 속 사연 어디 있는지
꽃피울 그리움마저도 아니 남기고
무심한 향내 한 자락 뿐.

-「흰 수련」 일부

시 「흰 수련」 에서 황문숙은 수련이 꽃봉오리를 맺었다가 피

는 모양을 '오므렸던 그리움으로 그 하얀 입술 가붓하게 열어 보이는' 것이라 했다. 꽃의 개화와 그리움은 同一意다. 그리움은 시인에게 꽃처럼 아름다운 비밀이고 소중히 간직하고 싶은 것이고 쉽게 아무에게나 드러낼 수 없는 것이다. 그리움은 간직하는 것이다. 가슴 속에 작디작게 담아두는 것이다. 황문숙은 이런 것을 '오므렸던 그리움'이라고 읊고 있다. 무엇보다 아끼고 싶고 혼자만 가슴 속에 꼭 싸안고 있다가 흰 수련 꽃처럼 가붓하게 피우고 싶은 것이 황문숙의 그리움이다. 그리움을 이렇게 아름답게 표현할 수 있다니. 여성적인 그리움이 어떤 것인가라고 누군가 나에게 묻는다면 서슴없이 흰 수련처럼 오므렸던 그리움을 가붓하게 열어 보이는 것이라고 대답하겠다. 이 시에서 그리움은 흰색의 순결 이미지다. 하지만 「흰 수련」에서 보듯이 그리움은 받을 대상이 없으면 그리움도 무색해진다. '나비를 놓쳐버린 하얀 손이 무색하다'가 그것이다. 흰 색의 그리움을 떠올려 본 적이 있는가. '마음 가닥을 풀 듯 가슴 속 사연이 어디 있는지' 방향을 잃고 헤매는 그리움을 가져 본 적이 있는가. 황문숙은 이런 그리움을 '무심한 향내'라고 한다. 여기서 '무심하다'는 것은 그리움이 흰 색으로 바래질대로 바래진 진공의 상태를 말한다. '무심한 향내'란 그런 상태의 향내이니까 무색무취한 향내라는 상상도 해본다. 흰 색이 주는 순결과 그리움의 색깔도 다 탈색되어진 그리하여 무심한 것이 되어진 향내. 그저 꽝꽝한 하늘이기도 한 향내. 황문숙은 「흰 수련」에서 그리움의 어떤 극한까지도 담담히 노래하고 있다. 그리움이 무심한 것이 되기까지는(엄밀한 의미에서 나는 무심한 그리움이란 존재하지 않는 것이라고 본다) 결코 평탄치 않은 과정이 있었음은 꽃의 시편들은 얘기해 준다.

> 응어리진 가슴으로 그리움 못다 풀고
> 사랑이 깊어 하얀 마음도 붉게 물들이는 꽃
> 오직 하나의 마음으로
> 하늘가에 지순히 올리는 기도 같아라
>
> -「능소화」 일부

이 시에 나타난 화자는 '응어리진 가슴으로 그리움을 못다 풀고' 있다. 그 풀지 못한 그리움이란 '사랑이 깊어 하얀 마음'이다. 절실한 마음이다. 이런 하얀 마음이 능소화 꽃을 보자 붉게 물들고마는 놀라운 심리 변화를 가져온다. 그리움으로 병든(응어리진) 것들이 일시에 해소되는 과정이다. '하얀 소망'이기도한 그리움은 일편단심 같은 변하지 않는 간절함이 있어 언젠가는 사랑이 된다. 이 과정은 분명 능소화 꽃을 보고 촉발된 심적 변화이지만 화자는 '오직 하나의 마음으로/하늘가에 지순히 올리는 기도와 같아라' 라고 노래한다. 기도가 기적을 낳는다는 종교적 경지까지 치닫는다. 그렇다. 흰 색으로 다양하게 표현되어온 그리움의 모든 실체가 무엇일까 라는 궁금증이 풀어지는 순간이다. 분명 그 간절한 바람은 종교이고 종교 같은 사랑임에 틀림없다.

> 산 그리매 지울 때쯤 들꽃 그림자로 울음 쏟아
> 속살 푸른 햇빛에
> 꽃잎 다물고
> 바람 한 올 건너 머물러

산그늘 가슴에 품고
먼 하늘에 찍힌 그리움 불러
바람에 밀린 서녘 하늘 바라보다가
휘청이는 구절초가 멀리서 해바라기한다
묵정밭 망초꽃도 홀로 더운 김 쏟는다
-「구절초」 일부

이 시에서 유의해 봐야할 것은 구절초와 같은 화자의 심정이다. 꽃이라고 하여 다 화려하게나 예쁜 것은 아니다. 그리움을 가진 화자의 심정은 처음에는 꽃 같은 화려한 비극이었는지 모른다. 그런데 세월이 지날수록 한낱 이름 없는 풀꽃인 구절초의 신세로 전락하고 말았다. 자신도 모르는 사이에 가슴에는 그림자 음영이 깃들게 되고 울음을 토하는 풀이 되었다. 가슴에 담긴 그림자의 그늘은 자신도 어찌할 수 없는 '산그늘'로 자리 잡았다. 한갓 보잘 것 없는 구절초에 엄청난 산그늘이 들어앉았다. 그리움이란 그런 병인지 모른다. 지독한 그리움이란 '속살 푸른 햇빛에/꽃잎 다물고' 있는 모습이다. 아무에게나 그 문을 열어주지 않는 속성을 지니고 있다. '속살 푸른 햇빛'에서 나는 동화에 나오는 길가는 나그네를 두고 벌어지는 햇빛과 바람 이야기를 떠올린다. 나그네의 옷가지들을 다 훌훌 벗게 만들던 햇빛 말이다. 그런 햇빛이 속살까지도 다 보이는 만드는 속살 푸른 햇빛이 아닌가 싶다. 그 햇빛도 열 수 없도록 꽃봉오리가 꽃잎을 다물고 있다니 얼마나 지독한가. 그러면서도 이 시는 구절초를 빌어 그리움의 대상성을 읊은 시다. 그리움이란 분명 화자의 가슴 속에 내재한 것이지만 그리움의 지향처는 언제나 외적인 것임을 말하고 있다. 그리움의 거리다. 그 거리를 화자는 '먼 하늘'이라고 한다. 내 그리움을 가지고 먼 하늘 거리에 있는 그리움의 실체를 부르는 것이다.

외로운 날에 그리운 날에
바람결에 홀씨되어 던진 꽃
방향 없이 흩날린다
하늘로 날아간 홀씨는 꽃잎 우표 붙여 보냈을까?
-「민들레」 일부

황문숙의 시에서 내가 긍정적인 시각을 가지는 까닭은 자연과 합일되고자 하는 삶이다. 그것이 그대로 시에 녹아 있다. 화자는 민들레를 통하여 민들레통신을 보낸다. 그리움과 교신하고자 한다. 꽃인 그리움이 멀리 떨어진 존재인 그리움과의 극복할 수 없는 거리를 실감하기 때문에 홀씨가 되어 즉 그리움의 핵심만으로 꽃잎 우표를 붙여 보낸다. 모든 겉치장들을 과감히 털어버리고 다가간다. 민들레가 꽃피고 하위어서 홀씨들이 멀리 퍼지는 현상을 빌어 화자는 그처럼 그리움과의 합일을 기도한다. 그리고 화자는 '보냈을까?'하고 궁금해 한다. 이제 나는 황문숙에게 있어서 그리움이란 어떤 것인가를 살필 기회가 되었다.

내 마음 파고 들어가면
머 언 지평선이 보일까
내 지난 방황들을 보듬어
낮달 같은 그리움 하나 속 깊이 간직한다
(중략)
내 마음 깊은 바닥에서 향내로 피어나는 사람아
말없이 뿌리내려 꽂혀 있는 흔적으로

아주 잊힌 듯 오랜 세월
내 곁에 머문 그림자로 내 곁에 남아있다

－「그리운 사람아」 일부

그리움은 '낮달 같은' 것이다. 다른 시 「그리움 너머로」에서도 '쓸어도 사라지지 않는 낮달 같은 그리움'이라고 황문숙은 말한바 있다. 그렇다. 그리움은 낮달과 같다. 닿을 수 없는 하늘에 뜬 낮달과 같다. 낮달처럼 선명한 윤곽도 아니다. 희미하면서도 그리움은 자란다. '말없이 뿌리내려 꽂혀 있는 흔적'과 같다. 이렇게 그리움은 식물성적인 존재다. 뿌리를 내리고 자라고 싹을 틔우고 자라서 꽃을 피우는 식물 같은 존재요 흔적이다. 단단히 뿌리 내리고 그 다음에 어딘가 가서 꽂히고 싶은 흔적이다. 어딘가에 그저 다가가고 다가가서 닿고 싶은 마음이다. '아주 잊힌 듯 오랜 세월/내 곁에 머문 그림자로 내 곁에 남아 있는' 그런 것이다. 사람이다. 그림자 같은 사람이다. 그리고 가지려고 해야 가질 수 없는 것, 그래서 아쉬운 것, '칡넝쿨 길이만큼의 세월' 속에 연륜만 깊어가는 것이기도 하다.

나는 여태껏 자연을 빌어 자신의 내면에 담겨진 그리움의 양상을 노래한 황문숙 시의 한 단면을 살펴보았다. 자연과 스스로의 삶의 합일점에서 이루어진 황문숙의 시세계는 자연이 절대적인 비중을 차지하고 있음도 알았다. 그러면서도 황문숙이 시에 표출된 자연은 단순한 물경 위주의 자연이 아니라 그 자연 속에 주제(그리움)가 담긴 자연이고 그 주제는 끊임없이 갈등을 빚어내고 있는 다양성도 보았다. 이 모든 것은 시인 황문숙이 가지고 가야할 길이고 자연을 통한 산수시의 한 세계였다.

이 시집의 해설을 쓰는 동안 줄곧 떠나지 않는 화두가 있었다. "나는 왜 일생 시를 써 왔는가"이었다. 그리고 더 발전된 상상은 "시를 쓰지 않았다면 나는 어떻게 되었을까"였다. 근일 나는 주변으로부터 시로써 심리치료를 하는 학과목이 대학교에 생겨났다는 말을 들은 적도 있다. 황문숙의 시를 읽으면서 새삼 깨달은 것은 시가 아니었으면 마음속 그 많은 사연들을 어디다 호소하였으랴. 시란 다름 아니라 자신 속에 담긴 갈등이나 온갖 스트레스를 유발시키는 요소들을 나름대로 푸는 절실한 매개물의 하나며 유일한 위안인 것은 알았다는 사실이다. 고맙다.

•

황문숙 시인은 경남 함양출신으로 성균관대학교 불어불문학과와 성균관대학교 국어국문학대학원을 졸업했다. 현재 성균관대학교 국어국문학과 박사과정 이수중이다. 『조선문학』 신인작품에 시가 당선되어 등단했고, 한국문인협회 회원, 조선문학문인회 이사로 활동하고 있다.

•

조선문학시인선 255

2009년 1월 20일 인쇄
2009년 2월 5일 발행

잃어버린 지상을 찾아서

지은이 / 황문숙
발행인 / 박진환
펴낸곳 / 조선문학사
등록번호 / 1-2733
주소 · 110-092 서울 서대문구 홍제2동 96-4
대표전화 / 730-2255
팩스 / 723-9373

ISBN 978-89-93614-06-0

정가 7,000원